Stéphane Hessel · Dalai Lama

Wir erklären den Frieden!

Stéphane Hessel · Dalai Lama

herausgegeben von
Sylvie Crossman und Jean-Pierre Barou

WIR ERKLÄREN DEN FRIEDEN!

Aus dem Französischen
von Patricia Klobusiczky

Ullstein

Die französische Originalausgabe erschien 2012
unter dem Titel *Déclarons la paix! Pour un progrès de l'esprit* bei
Indigène éditions, Montpellier

MIX
Papier aus verantwortungsvollen Quellen
FSC® C083411

ISBN 978-3-550-08024-1

Umschlaggestaltung: Sabine Wimmer, Berlin
Umschlagfoto: Ondrej Besperat
Gesetzt aus der Garamond
Satz: Pinkuin Satz und Datentechnik, Berlin
Druck und Bindearbeiten: CPI – Clausen & Bosse, Leck
Printed in Germany

VORWORT DER HERAUSGEBER

Mit diesem Gespräch zwischen Stéphane Hessel und Tendzin Gyatsho, dem 14. Dalai Lama, Linienhalter einer Tradition des tibetischen Buddhismus, die bis ins 15. Jahrhundert zurückreicht, möchten wir einem möglichst breiten Publikum vermitteln, dass die Rückkehr des Geistes weltweit über unsere Zukunft entscheiden wird. Geist – ist dieses Wort nicht anstößig geworden, seit Geld an die Spitze der menschlichen Werteskala gerückt ist? Nicht umsonst wies Samdhong Rinpoche, ehemaliger Ministerpräsident der tibetischen Exilregierung und Sondergesandter des Dalai Lama, bei der Trauerfeier von Václav Havel darauf hin, dass aus ebendiesem Grund niemand seine Stimme gegen China zu erheben wage, und sei es nur, um eine Frage zu stellen. Überall auf der Welt regierten Angst und Gier.

Befreien wir den Begriff des »Fortschritts« aus der rein materiellen Umklammerung, bringen wir ihn mit dem Geist in Verbindung. Hier soll vom Fortschritt des Geistes die Rede sein. Des Geistes, den jeder von uns in sich trägt, der allen Menschen eigen ist, ob gläubig oder nicht gläubig, wie der Dalai Lama sagt. Dieser Geist ist Verheißung und Verpflichtung zugleich, er prägt das Leben in dem Maße, in dem er ausgebildet und gestärkt wird.

Der Stein kam am 15. August 2011 in Toulouse ins Rollen, als der Dalai Lama seinen Vortrag über die »Kunst des Glücklichseins« hielt und Stéphane Hessels ätherischer Körper auf die erdige Energie des Redners traf. »Nun sind wir zwei Dämonen, und zwei sind stärker als einer allein!«, rief das tibetische Oberhaupt, lachend hatte er das Wort zitiert, mit dem die chinesische Regierung ihn bezeichnet. In die Rolle des »Dämons« ist Stéphane Hessel während seines langen Lebens mehrfach geschlüpft, früher, als er gegen die Nazis und heute, wenn er gegen die Diktatur des Geldes kämpft, wie sein Aufruf *Empört Euch!* belegt. Vier Monate später nahmen die beiden in Prag ihren Dialog wieder auf, anlässlich einer Veranstaltung zum Internationalen Tag der Menschenrechte, die der todkranke Václav Havel zu Ehren von Liu Xiaobo einberufen hatte. Der chinesische Dissident, 2010 mit dem Friedensnobelpreis ausgezeichnet, sitzt bis heute in Haft. In Prag wollte man sondieren, ob sich seit dem 10. Dezember 1948, als die Allgemeine Erklärung der Menschenrechte von den Vereinten Nationen im Pariser Palais de Chaillot verabschiedet wurde, neue allgemeingültige Werte herauskristallisiert hatten. Und ob der geistige Fortschritt, der damals keine Erwähnung fand, neben dem »wissenschaftlichen Fortschritt« in den Artikel 27 aufgenommen werden sollte.

Allein dieser Austausch zwischen dem unbeugsamen Laizisten und dem geistlichen Oberhaupt, jüngste Wiedergeburt einer langen Reihe von Dalai Lamas, deutet auf eine Zeitenwende hin. Wir haben sie schon lange herbeigesehnt. Seit 1993 – drei Jahre vor unserer Verlagsgründung – engagieren wir uns für Tibet. Der Dalai Lama war von dem achtzehn Jahre älteren Mann »ohne Stock« fasziniert, der ein Leben lang für die Einhaltung der Menschenrechte kämpfte und in dessen Gegenwart er sich selbst »ungeheuer jung« vorkam. Während der große alte Mann das Zusammentreffen mit seiner »ersten, einzigen Heiligkeit« nutzte, um nach der Erforschung buddhistischer Methoden durch westliche Neurowissenschaftler zu fragen:

den messbaren Auswirkungen von Meditation, Innenschau, Klartraum auf unser körperliches und geistiges Wohlbefinden. Gekrönt wurde die Begegnung durch gegenseitige Empathie, festen Händedruck und den traditionellen Stirn-an-Stirn-Gruß.

Im Lauf des Gesprächs wurde deutlich, dass der kulturelle Genozid, den die chinesische Regierung am tibetischen Volk begeht, tatsächlich ein Genozid am grundlegendsten, universellsten Gut des Menschen ist, nämlich am Geist. Seit 1990 hat die Bewegung der Gewaltlosigkeit dank hier erwähnter Führungspersönlichkeiten wie Michail Gorbatschow, Václav Havel, Nelson Mandela oder Desmond Tutu enorm an Terrain gewonnen, ganz im Sinne der Vordenker Martin Luther King und – allen voran – Mohandas Gandhi. Das zeugt ganz klar von einem Neuaufbruch, der überall auf der Welt erfolgt, auch wenn er mancherorts größere Opfer fordert, wie jenseits der Himalaya-Barriere, dort finden immer wieder Selbstverbrennungen statt, um diese Kultur der Entwicklung innerer Werte zu verteidigen.

Fehlte nur noch der großzügige Einsatz von Stéphane Hessel, um den Empörten weltweit Schwung zu verleihen und den Vormarsch des Geistes zu beflügeln!

Sylvie Crossman / Jean-Pierre Barou
vom französischen Originalverlag Indigène

Unser herzlicher Dank gilt all jenen, die aktiv zur Entstehung dieses Buches beigetragen haben:

in Zürich Kelsang Gyaltsen, dem EU-Gesandten des Dalai Lama, und seinem Assistenten Tenzin D. Sewo;

in Paris Wangpo Bashi vom Tibet-Büro;

im Shechen-Kloster, Nepal, Matthieu Ricard;

in Kötschach-Mauthen, Österreich, Jennifer Lorenzi.

WIR ERKLÄREN DEN FRIEDEN!

Stéphane Hessel: Ich begegne nur selten einem Mann des Glaubens. Sie sind mir die liebste Heiligkeit, ich habe keine andere außer Ihnen, und so möchte ich Ihnen etwas verraten. Als wir 1948 die Allgemeine Erklärung der Menschenrechte verfassten, stellten wir uns folgende Frage: Sollte von Gott die Rede sein? Einige waren der Ansicht, dass wir uns im Rahmen unseres Handelns durchaus auf Gott berufen sollten. Andere verwahrten sich gegen jeden Gottesbezug, wie beispielsweise Professor Peng-chun Chang, Philosoph, Dramatiker und Konfuzius-Spezialist, der damals nicht das China Maos vertrat, sondern das seines Gegners, des Nationalisten Tschiang Kai-schek. Ein Gesandter des Vatikans, der als Beobachter zugegen war, half uns aus der Verlegenheit: »Reden Sie nicht von Gott, sondern von Würde.« Und tatsächlich werden Sie bei Lektüre der Präambel feststellen, dass dort auf die »angeborene Würde … aller Mitglieder der Gemeinschaft der Menschen« verwiesen wird. Damals war uns nicht bewusst, dass die Gemeinschaft der Menschen in wechselseitiger Abhängigkeit von Umwelt und Natur lebt. Wir gingen von unerschöpflichen Energieressourcen aus, die sich weiterhin bedenkenlos ausbeuten ließen. Heute wissen wir, dass sieben Milliarden Erdenbürger binnen zwanzig Jahren in eine beispiellose Krise geraten werden. Wir können nicht mehr sagen: »Wir lieben Paris und wollen die Stadt vor dem Schlimmsten bewahren.« Wir können Paris nicht aus dem Zusammenhang lösen, die gesamte Umwelt ist betroffen. Wir müssen den Begriff der Würde auf die Natur ausdehnen. Denn auch die Natur kann sich empören, auch sie nimmt Schaden.

Dalai Lama: Ich bin ein buddhistischer Mönch, ein Mann des Glaubens, ja, und strebe daher nach einem harmonischen Miteinander der Religionen. Doch wenn ich mich vorstellen soll, sage ich: Ich bin einer von sieben Milliarden Menschen, die diesen Planeten bevölkern, und als solcher habe ich mir vorgenommen, mich für die Menschheit einzusetzen. Weder für eine Nation noch für eine Regierung, sondern für die Menschheit im weitesten Sinne und darüber hinaus für die Erde, die wir mit den Tieren und Pflanzen teilen und die unser einziges Zuhause ist. Im Buddhismus vertreten wir die Auffassung, wie auch einige Ihrer Philosophen, dass die Tiere Freude und Leid empfinden und sie demnach ein Bewusstsein haben. Was die Pflanzen angeht, wird seit zweitausend Jahren darüber debattiert, ob sie empfindsam sind oder nicht[1]. So oder so haben die Pflanzen das Recht zu überleben. Ursprünglich waren wir eins mit der Natur, und obwohl wir uns durch die modernen Technologien von ihr entfernt haben, tragen wir diese Naturverbundenheit noch in uns, sie liegt uns im Blut. Sie lebt wieder auf, sobald wir Wiesen, Wälder, Blumen sehen. Dieser Anblick löst bei uns ein Gefühl von Frieden und Glück aus.

Über wechselseitige Abhängigkeiten

S. H.: Ein ganz wesentlicher Aspekt. Dem jüdischen und christlichen Glauben zufolge hat Gott den Menschen mit der Aufgabe betraut, jeden einzelnen Bestandteil der Natur zu benennen: Dies ist ein Wald, dies ist ein Baum … In meinen Augen ist das kein guter Ansatz. Der Mensch ist nicht Herrscher über die Natur, er ist nur ein Teil von ihr. So gesehen dürfte der Geist, der in der Welt wirkt, nicht bloß den Menschen eignen. Der Mensch kann ihn ein Stück weit erfassen, aber der Geist gehört ihm nicht allein.

D. L.: Im Buddhismus, und das gilt auch für den Jainismus – eine andere uralte indische Tradition –, gibt es keinen absoluten Schöpfer, kein vollkommen unabhängiges Wesen. Nur Ursachen und Bedingungen. Alles hängt mit allem zusammen. Das einzige Gesetz, das unser Leben bestimmt, ist das Kausalitätsgesetz.[2]

S. H.: Weder Anfang noch Ende, alles ist im Fluss …

Die Herausgeber: Das bedeutet, je nachdem, ob man sich in einem jüdisch-christlichen oder buddhistischen Umfeld befindet, kann dieses Prinzip der wechselseitigen Abhängigkeit anders aufgefasst werden. Im ersten Fall ist Gott vorhanden, im zweiten nicht.

D. L.: Die Anhänger der christlichen, jüdischen, islamischen Religion, sogar einige hinduistische Strömungen gehen alle von einem Schöpfer aus.

Diese Glaubensrichtungen haben der Menschheit jahrtausendelang gute Dienste erwiesen, es würde also nichts nützen, sich dort einzumischen. Man sollte sich lediglich für die Werte starkmachen, die sie vertreten: Nächstenliebe, Mitgefühl, Vergebung. Jede Religion hat ihre eigene Schönheit und verdient unseren Respekt. Doch wenn wir uns universell verständigen wollen, brauchen wir eine andere Gesprächsgrundlage, nämlich die einer säkularen Ethik. Säkular bedeutet keine Missachtung der Religion. Die säkulare Ethik achtet sämtliche Religionen, ebenso wie sie die Nichtgläubigen achtet, die weiterhin das Recht haben, nicht zu glauben. Individuell gesehen, gilt die Devise »eine Religion, eine Wahrheit«, wenn wir aber die ganze Gemeinschaft der Menschen in Betracht ziehen, müssen wir stets die Auffassung von »mehrere Religionen, mehrere Wahrheiten« vertreten. In der Allgemeinen Erklärung der Menschenrechte wird nicht zwischen dieser und jener Religion, zwischen dieser und jener Nation unterschieden. Sie spricht die gesamte Menschheit an.

S. H.: Ob mit oder ohne Gott – als Menschen tragen wir alle Verantwortung, und zwar nicht allein für die Gemeinschaft der Menschen, wie es in der Erklärung von 1948 heißt. Diese wechselseitige Abhängigkeit betrifft uns alle, Gläubige wie Nichtgläubige. Wir müssen der Natur mit einer neuen Verbundenheit begegnen. Dieser Verantwortung sind wir bisher nicht gerecht geworden. Wir sind mit der Natur wüst umgegangen. Doch jetzt müsste man sich endlich für das Überleben von Natur und Umwelt engagieren. Ich denke, das ist die größte Herausforderung für die Nationen, das oberste Ziel, das sie sich stecken sollten.

D. L.: Inzwischen ist das mehr als eine bloße Pflicht. Unser eigenes Überleben steht auf dem Spiel: globale Erwärmung, sinkende Landwirtschaftserträge, Smog in den Städten, Umweltverschmutzung aller Art. Wo bleiben da unsere Menschenrechte?

S. H.: Während wir uns hier unterhalten, versammeln sich im südafrikanischen Durban 194 Staaten zur 17. UN-Klimakonferenz. Aber was tun sie? Sehr wenig. Aus diesem Grund habe ich mich empört, wie es in meinem Büchlein heißt. Unsere Regierenden sind schwach, zaghaft. Sie wissen genauso gut wie wir, dass Mensch und Natur bedroht sind. Aber sie kommen nicht vom Fleck, sie haben keinen Handlungsspielraum, die Finanzsysteme beherrschen alles.

D. L.: Wir sind stets auf das unmittelbare Ergebnis unseres Handelns fixiert, ohne die Langzeitfolgen zu bedenken. Ich habe mit einigen Geschäftsleuten gesprochen, denen die jetzige Wirtschaftskrise sehr teuer zu stehen kommt, und die meisten haben eingeräumt, dass sie kaum einen Gedanken an die Entwicklung der nächsten zehn oder zwanzig Jahre verschwenden. Sie widmen sich akuten Problemen, indem sie beispielsweise mehr Darlehen aufnehmen, aber sie nehmen keine Verantwortung für die künftigen Generationen, für ihre Kinder und Enkel, wahr. Das liegt sicher daran, dass sie sich die wechselseitigen Abhängigkeiten nicht bewusst machen. Die Zukunft hängt von der Gegenwart ab, wenn wir ein neues Projekt in Angriff nehmen, müssen wir uns dabei stets die Langzeitfolgen vor Augen führen. Wenn schon nicht für die nächsten tausend, so doch wenigstens für die nächsten zehn Jahre! Nehmen wir einmal die Streiks, die Unruhen in Griechenland und anderswo – vielleicht wären sie nicht aufgetreten, wenn man die strengen Sparauflagen behutsam, schrittweise eingeführt und nicht mit einem Schlag brutal durchgesetzt hätte.

Für mich zeigt sich hier ein Mangel an ganzheitlicher Perspektive.

Kartographie des Geistes

S. H.: Dem Menschen fällt es ungeheuer schwer, seine Erkenntnisse in Taten umzusetzen. Wir lesen kluge Bücher, in denen steht: Achtung, Sie verbrauchen zu viel Benzin, in zehn Jahren wird es keines mehr geben! Und wir denken: Stimmt, doch wir fahren weiterhin mit dem Auto, vielleicht mit einem Modell, das etwas weniger verbraucht, aber nach wie vor mit einem Auto. Damit die Erkenntnis zur Tat führt, muss noch etwas hinzukommen, das Sie so zutreffend als Mitgefühl bezeichnet haben. Wir sollten uns nicht nur in Gedanken, sondern auch beim Handeln vom Mitgefühl leiten lassen. Wir sollten uns klarmachen, dass wir nie allein handeln, ob im Guten oder im Schlechten, sondern mit anderen, für andere. Wenn uns die Sorge um das Wohlergehen aller verbindet, können wir gemeinsam vielleicht mehr bewirken.

D. L.: Mitgefühl geht tatsächlich mit Verantwortungsbewusstsein einher. Mit der Einsicht, dass jeder von uns für die Umwelt, für das Los künftiger Generationen sorgen muss, wird gleichzeitig der Gemeinschaftssinn geweckt, und so schreitet man zur Tat. Durch Einsicht gelangt man zu Verantwortungsbewusstsein. Es rührt nicht aus dem Glauben, sondern aus einem Erkenntnisprozess. Das heutige Bildungssystem ist nach meinem Dafürhalten ausschließlich auf materielle Werte ausgerichtet. Unsere Geisteskraft wird kaum ausgebildet. Sobald wir auf geistige Werte zu sprechen kommen, hält man uns vor, ein rein religiöses Thema zu verfechten. Dabei ist doch unstrittig, dass der Geist den Alltag eines jeden bestimmt, genau wie jede Unternehmung. Dennoch wissen wir nur sehr wenig darüber, was den Geist ausmacht. Wenn Sie einen fremden Kontinent bereisen wollen, greifen Sie ganz selbstverständlich zur Landkarte, um sich zu orientieren. Und so brauchen wir auch eine Karte des Geistes, wenn wir von Mitgefühl reden, von gegenseitigem Verständnis – beides gehört der geistigen Sphäre an. Dank dieser Karte könnten wir nachvollziehen, wie eine Gefühlsregung zur nächsten führt, wie eine Gemütsbewegung die folgende auslöst, und immer so fort. Die Karte würde unsere unerhörte geistige Aktivität veranschaulichen. Mit Religion hat das gar nichts zu tun. Wir nehmen uns lediglich des Körpers an, des Geistes, der Teil unseres Gehirns ist. Das Gehirn ist ein hochkomplexes Gebilde. Der Geist, das Bewusstsein und die Gefühle – die alle im Gehirn existieren – sind nicht minder komplex. Diese Fragen werden in unseren modernen Schulen und Hochschulen jedoch nicht behandelt.

S. H.: Das stimmt, dort erfahren wir kaum etwas über die Vielschichtigkeit des Geistes. Ich nehme an, dass die buddhistische Erziehung Sie befähigt, solche Karten zu entwickeln, um Gefühlsregungen und Impulse zu verzeichnen, genau wie die Methoden, diese nicht eskalieren zu lassen. Vergleichbares findet weder in der christlichen Erziehung noch in unserem modernen säkularen Bildungssystem statt. Wir beugen möglicher Gewalt nicht vor. Kaum haben wir einen Entschluss gefasst, von dessen Richtigkeit wir überzeugt sind, preschen wir los, ohne die Auswirkungen auf Dritte zu bedenken. Ihre Botschaft ist von zentraler Bedeutung – vielleicht stimmt sie sogar mit einer modernen Weltsicht überein, die den Frauen eine immer wichtigere Rolle zugesteht.

D. L.: Den Frauen kommt in der Tat eine besondere Rolle zu, wenn es darum geht, Mitmenschlichkeit und Gewaltlosigkeit auf breiter Basis zu fördern. Wie Sie eben ganz richtig bemerkt haben, sind diese Eigenschaften in der modernen Gesellschaft bis heute stark unterentwickelt. Man legt mehr Wert auf eine hervorragende akademische Ausbildung und auf die Schulung des Intellekts als auf die Entfaltung emotionaler Qualitäten wie Anteilnahme und Toleranz.

Selbstverbrennungen in Tibet

DIE HERAUSGEBER: Wenn wir schon beim Thema sind – was halten Sie von der Verzweiflungstat, die Palden Choetso begangen hat, jene 35 Jahre alte Nonne aus dem Kloster Ganden Jangchup Choeling in der Provinz Sichuan, die sich am 3. November 2011 selbst verbrannt hat? Der Abt des bedeutenden Kirti-Klosters in Dharamsala bezeichnete die Tat als ultimative Form der Gewaltlosigkeit.[3]

D. L.: Das ist eine äußerst heikle Frage. Umso mehr, als die chinesische Regierung, die unmittelbar betroffen ist, auf jede meiner Aussagen zu diesem Thema lauert. Dort wartet man nur darauf, mir das Wort im Mund umzudrehen und mich zu bezichtigen. Vom buddhistischen Standpunkt aus muss man zunächst ergründen, warum diese Mönche und Nonnen keinen anderen Ausweg gesehen haben. Und da würde ich antworten, dass ihre Beweggründe jeden privaten oder familiären Rahmen sprengen. Sie opfern ihr Leben nicht aus persönlichen Gründen, sondern aus tief empfundener Großmut, sie wollen Tibet, den Buddhismus, ihre politischen und kulturellen Rechte verteidigen. Das sind lautere Motive, könnte man sagen. Doch wenn ich das tue, werden die Chinesen sofort entgegnen, dass der Dalai Lama die Selbstverbrennungen unterstützt, dass er sogar noch mehr Menschen dazu aufruft! Ich kann es also nicht sagen. Stellen Sie sich aber die Trauer der Angehörigen und Freunde dieser Unglücklichen vor, wenn ich das Gegenteil behaupte und sie zu hören bekommen: Der Dalai Lama missbilligt, dass diese Mönche und Nonnen sich für Tibet opfern. Eine ungeheuer verfängliche Frage.

S. H.: Könnte man vielleicht sagen, dass die Verantwortung für den Selbstmord nicht bei den Opfern liegt, sondern bei jenen, die ihnen das Weiterleben unmöglich machen?

Die Herausgeber: Ihr Freund Robert Thurman,[4] der amerikanische Professor, sagte, wenn das chinesische Volk mit eigenen Augen sehen könnte, wie diese junge Nonne als menschliche Fackel verbrennt, würde das ganze System einstürzen.

D. L.: Die 1,3 Milliarden Chinesen haben unbedingt das Recht, die Wahrheit zu erfahren und selbst zu entscheiden, was richtig ist und was nicht. In ihrem Bestreben, alles zu kontrollieren und gegebenenfalls zu tilgen, ist die Zensur zutiefst amoralisch. Der chinesischen Regierung fehlt es an Mut, sich der Wirklichkeit zu stellen, stattdessen behilft sie sich mit Waffengewalt, Unterdrückung und Desinformation. Seit Niederschlagung des Tibetaufstands im Jahr 1959 wurden unseren Quellen zufolge über eine Million Tibeter getötet, sind in Konzentrationslagern gestorben oder verhungert. Die chinesischen Militärakten führen ihrerseits für den Zeitraum von März 1959 bis September 1960 87000 Personen auf, die allein in Lhasa und

Umgebung zu Tode gekommen sind. Trotz dieses unermesslichen Leides setzen wir unsere Politik der Gewaltlosigkeit ungebrochen fort, und sie trägt durchaus Früchte: In den letzten zwei Jahren haben wir gut tausend Artikel von Chinesen auf Chinesisch erfasst, die unseren »Mittleren Weg« begrüßen und ihre eigene Regierung sehr kritisch sehen. Erst kürzlich hat mir ein hochgebildeter junger Chinese aus Peking einen Brief geschrieben: Aufgrund der chinesischen Regierungspropaganda habe er den Dalai Lama bisher für einen Separatisten gehalten, der die Unabhängigkeit anstrebt. Doch seit seiner Begegnung mit einem Tibeter, der von Indien zu einem buddhistischen Heiligtum in China gepilgert war, wisse er, dass es dem Dalai Lama nicht um die Unabhängigkeit geht, sondern lediglich darum, die tibetische Kultur zu retten. In seinem Brief stand, von nun an unterstütze er mich voll und ganz, und wenn alle Chinesen die Wahrheit kennten, würden sie mich ebenfalls zu hundert Prozent unterstützen. Die chinesischen Machthaber verfügen zwar über eine gewaltige Armee, aber insgeheim sind sie voller Furcht. Wir Tibeter haben einen viel stärkeren Geist, darauf können wir bauen!

Das große »Wir«

S. H.: Die Welt ändert sich nicht so schnell, wie wir es gern hätten, aber sie ändert sich zweifellos. Sie verkünden eine Botschaft von Mut und Zuversicht. Mit meinen bescheidenen Mitteln versuche ich das Gleiche, wenn ich jungen Leuten begegne. Ich sage zu ihnen: Die Lage ist schwierig, doch ihr müsst Zuversicht zeigen und beherzt handeln. Dann werden sich die Dinge nach und nach wandeln, vielleicht sogar überraschend schnell, vorausgesetzt, man handelt nicht allein, sondern gemeinschaftlich. Die junge Generation hat jetzt, zu Beginn des 21. Jahrhunderts, einen enormen Vorteil. In unserer Jugend gab es höchstens das Telefon, aber keine Möglichkeit der elektronischen Kommunikation. Heute benutzen meine Kinder, Enkel und selbst meine fünf Urenkel ganz selbstverständlich E-Mail, iPad und was es sonst noch gibt. Aussagekräftige Texte und Bilder können jetzt in Windeseile weltweit verbreitet werden.

D. L.: Die modernen Informationstechnologien bieten in der Tat einen ungeheuren Vorteil.

S. H.: Unsere moderne Gesellschaft zeigt Risse. Manchmal scheint sie bereits zusammenzubrechen. Also könnte der Wandel schneller eintreten als in früheren Jahrhunderten. Wie lange hat es gedauert, bis die Menschenrechte zum Thema wurden? Vier oder fünf Jahrhunderte? Eure Heiligkeit, Sie haben einen großen Vorzug: Sie können sich auf einen Geist verlassen, der Tausende von Jahren zählt, der nie zu erschüttern war, der seit jeher besteht und dessen Kraft bis heute unvermindert ist. Für uns ist es nicht so leicht. Wir stützen uns auf das 16. Jahrhundert, als Europa sich zu wandeln begann, die Impulse setzten sich zunächst mit der Französischen, dann mit der Amerikanischen und schließlich mit der Russischen Revolution fort. Unsere Geschichte hat sich durch vielerlei Umwälzungen erst nach und nach herausgebildet. Bei Ihnen habe ich hingegen den Eindruck, dass Sie auf festem Boden stehen, dass Sie sich auf uralte Grundfesten stützen.

D. L.: Die jüdisch-christliche Tradition ist doch auch sehr alt! Meiner Ansicht nach haben die christlichen Brüder und Schwestern auf praktischem Gebiet, etwa der Erziehung und Medizin, wertvolle Beiträge geleistet, und zwar überall auf der Welt. Der Buddhismus hingegen kaum. Der Islam nur in begrenztem Maß, genau wie der Hinduismus. Unlängst war ich in Kalkutta, um den Todestag von Mutter Teresa zu begehen, und ich habe ihre große innere Stärke gewürdigt, die Entschlossenheit, die sie der christlichen Tradition und ihrer Liebe zu Gott verdankte. Es ist großartig, sich Gott so nahe zu fühlen, aber dadurch wird das Denkvermögen nicht unbedingt geschult. Der Buddha hat seinen Schülern ausdrücklich gesagt, dass sie seine Lehre nicht aus Verehrung oder Frömmigkeit übernehmen sollen, sondern erst nach eingehender Prüfung. Diese Art der Überlieferung gibt uns mehr Verantwortung. Der Gott der Juden und Christen nimmt die ganze Verantwortung auf sich, während der Buddha sie seinen Anhängern überträgt.

S. H.: Schön, dass Sie uns auf diese Weise an die Verantwortung erinnern, die wir wahrnehmen können und wahrnehmen sollten.

D. L.: Wir können tatsächlich im Bewusstsein der wechselseitigen Abhängigkeit handeln, als dieses große »Wir«, das die ganze Welt umfasst. Besser ein großes »Wir« als ein großes »Alles«. Zurzeit verharren wir aber noch in einem System, das zwischen »ihnen« und »uns« eine Grenze zieht. Und diese Grenzlinie prägt nach wie vor unser Denken. Sie bringt uns dazu, die eigenen Interessen zu verfolgen, Konflikte zu schüren, und zuweilen sogar dazu, unseren Nachbarn auszubeuten, ihn einzuschüchtern. Von dieser Linie gehen Gewalt und Kriege aus. Wenn Sie sich allerdings der Gemeinschaft aller Menschen verbunden fühlen, werden Sie sich von allein öffnen. Ihr Handeln wird aufrichtig sein, über jeden Verdacht erhaben, und Sie werden daraus innere Stärke und Zuversicht, Selbstvertrauen und Vertrauen in andere schöpfen, Freundschaft üben. Ich denke oft an die letzten sechzig Jahre meines Lebens zurück und komme zu dem Schluss, dass sie recht turbulent waren. Ich habe tragische Dinge erlebt, schwierige Situationen, auch wenn ich im Gegensatz zu Ihnen niemals in einem Konzentrationslager war.

S. H.: Das war nicht von Dauer. Ich habe nur zehn Monate im Konzentrationslager verbracht.

D. L.: Die Probleme sind immer noch da, die Ängste auch, das ist traurig. Doch zugleich stelle ich fest, dass mein innerer Friede vollkommen ist.

Eine uralte indische Lehre

S. H.: Wie erhalten Sie sich Ihren inneren Frieden angesichts dieser vielen Probleme?

D. L.: Ich empfehle den Menschen stets zweierlei. Zunächst einmal: Benutzt euren Verstand. Jede Situation kann aus verschiedenen Blickwinkeln betrachtet werden. In meinem Fall kann ich sagen: Ich habe meine Heimat verloren, ich habe den größten Teil meines Lebens im Exil verbracht, als Flüchtling. Ich kann aber auch sagen: Ich habe die ganze Welt für mich entdeckt, ich kann unmittelbar mit anderen in Kontakt treten, ohne Zeremoniell. Wäre ich im Potala-Palast geblieben, meiner Residenz in Lhasa, hätte ich mich in diesem unnützen Zeremoniell verfangen. Neben dem Verstand ist der zweite entscheidende Aspekt die Herzenswärme. Um die Grenzlinie zu überwinden, die zwischen »ihnen« und »uns« besteht, solange wir im alten System verharren, und immer noch unser Denken bestimmt. Sie verhindert, dass wir uns der Gemeinschaft aller Menschen verbunden fühlen.

S. H.: Im Austausch mit Neurowissenschaftlern haben Sie festgestellt, dass deren jüngste Forschungsergebnisse mit Ihren eigenen Erfahrungen übereinstimmen.

D. L.: Ja, Neurowissenschaftler haben herausgefunden, dass Wut, Angst und Hass unser Immunsystem massiv angreifen. Ein ausgeglichener Gemütszustand trägt wesentlich zu unserem physischen und geistigen Wohlbefinden bei.

S. H.: Stimmt, all das macht uns krank.

D. L.: Seit über zwanzig Jahren bin ich mit Wissenschaftlern im Gespräch. Für sie sind die uralten indischen Erkenntnisse über das Bewusstsein, den Geist, die Gefühle von großem Interesse. Eine wachsende Schar möchte mehr darüber erfahren. Buddhisten sprechen aus eigener Anschauung über die Erkundung des Geistes. Seit Jahrhunderten üben wir uns darin, unsere Achtsamkeit zu schulen. Wir wenden Techniken der Selbsterforschung, Innenschau und Kontemplation an, die im Lauf der Jahrhunderte verfeinert wurden. Die Meditation steht im Zentrum. Es handelt sich dabei keineswegs um eine religiöse Praktik, sondern um ein strenges Training zur Schärfung der Achtsamkeit und zur Bewusstseinserweiterung.

S. H.: Liebe und Hass sind die zwei treibenden Kräfte. Wie kann man den Hass abschütteln? Jeder von uns verspürt doch ab und zu Hass.

D. L.: In Zusammenarbeit mit befreundeten Wissenschaftlern, herausragenden Figuren wie Francisco Varela, Matthieu Ricard oder Richard Davidson[5], die uns an ihrem Wissen und ihren Technologien teilhaben ließen, konnten wir ansatzweise eine geistige Landkarte skizzieren. Heutzutage lässt sich die Gehirnaktivität millimetergenau bestimmen. Ist die geistige Landschaft erst einmal beleuchtet und erfasst, können wir sogar positive Regungen wie Mitgefühl und Verständnis trainieren, um destruktive Impulse wie Wut, Argwohn, Angst, Hass zurückzudrängen – wir können also unser Temperament ändern. Ich sage es noch einmal, es handelt sich nicht um eine religiöse Lehre, sondern um eine geistige Übung. Als Sie im Konzentrationslager waren, hatten Sie für die Nazis sicher nur Hass übrig.

S. H.: Nein, Hass eigentlich nicht.

D. L.: Das glaube ich Ihnen sofort! Dass Sie ein so hohes Alter erreichen konnten, ohne am Stock zu gehen, zeigt, wie gelassen und ruhig Ihr Geist ist. Das hat sich auf Ihre körperliche Gesundheit ausgewirkt. Davon bin ich voll und ganz überzeugt.

S. H.: Ich werde Ihnen von einem wirklich außergewöhnlichen Erlebnis erzählen. 1943 war ich als Geheimagent in Paris unterwegs und wurde plötzlich festgenommen. Jemand stieß mir eine Pistole in den Rücken. Ich dachte: Es ist aus, sie werden mich umbringen. Es gab für sie keinen Grund, das nicht zu tun, schließlich war ich ein feindlicher Ausländer, sie waren die Sieger, vorerst hatten sie den Krieg gewonnen. Dann kam es zu einer vorübergehenden Trennung von Körper und Geist. Mein Körper hat nachgegeben, mein Geist blieb wach und offen. Für mich war das eine unglaubliche Erfahrung. Sie hat nicht lange vorgehalten, denn ich wurde gleich darauf abgeführt und verhört. Aber es bleibt dieser einzigartige Moment, in dem man denkt: Das ist der sichere Tod! Und dann überlebt man! Ich bin immer noch da. Ich habe überlebt.

D. L.: Mehr als das, Sie haben in Würde überlebt. Sie haben Ihren Feinden keinen Hass entgegengebracht. Eine buddhistische Übung besteht darin, den Feind als besten Lehrer zu betrachten. Mit ihm als Gegenüber können Sie Toleranz und Geduld trainieren, beides ist sehr nützlich, um sich seine Entschlossenheit zu bewahren. Denn selbst wenn Sie sich anfänglich voller Begeisterung in ein Projekt stürzen, kann extreme Ungeduld zu Hass, Angst und Zweifel führen. Toleranz ist kein Zeichen von Schwäche, sondern von Stärke. Je mehr Selbstvertrauen Sie entwickeln, desto toleranter werden Sie. Wut ist ein Zeichen von Schwäche.

Die Kluft zwischen Arm und Reich

S. H.: Leider gibt es auf Erden auch welche, die sagen: Wir bekommen nicht das, was uns zusteht, wir leben im Elend. Und auf der anderen Seite sind diese Leute, diese Kapitalisten, die über die ganze Macht verfügen, wir hassen sie, wir wollen sie vernichten. Es dürfte schwer sein, sie zu Offenheit und Wohlwollen zu bewegen.

D. L.: Ich erinnere mich an meine erste Reise nach Europa, 1973. In Genf hatte ich einen alten englischen Gentleman vor den Kopf gestoßen, als ich sagte, dass ich nur wenig Hoffnung in die Älteren setze, weil ihre Ansichten so starr und festgefügt sind. Damals lebten die Menschen isoliert voneinander, natürlich fühlten sie sich bedroht. Die westlichen Gesellschaften hatten es längst zu Wohlstand gebracht, doch ohne die anderen in ihren Bemühungen zu unterstützen. Wir sind bis heute in diesen alten Denkmustern gefangen, halten an der Trennung zwischen »ihnen« und »uns« fest. Die Kluft zwischen Arm und Reich hat sich noch weiter vertieft. Der furchterregende Machtzuwachs wirtschaftlicher Interessengruppen sowie die Armut, die weiter um sich greift, sollten uns alle motivieren, unser Wirtschaftssystem grundlegend zu reformieren. Wir sollten eine Wirtschaft anstreben, die auf Mitgefühl basiert und den Prinzipien von Würde und Gerechtigkeit für alle folgt, wie es in der Allgemeinen Erklärung der

Menschenrechte steht. Egal, wo Armut sich ausbreitet, überall bedroht sie den sozialen Frieden, begünstigt sie Krankheiten, Leid und bewaffnete Auseinandersetzungen. Armut ist nicht nur in moralischer, sondern auch in praktischer Hinsicht ein schwerwiegendes Problem, denn sie ist eine unerschöpfliche Quelle von Streit und Krieg. Nehmen wir den Kaschmir-Konflikt zwischen Indien und Pakistan, den israelisch-palästinensischen Konflikt, den Terrorismus. Wenn wir so weitermachen wie bisher, wird die Lage nicht mehr zu retten sein. Diese wachsende Kluft zwischen denen, die alles besitzen, und denen, die nichts haben, verursacht ein Leid, das sich auf alle auswirkt. Wir fordern nicht nur Mitgefühl für die Betroffenen, wir fordern auch mehr Einsatz für soziale Gerechtigkeit.

S. H.: Ich denke, die Achtung der Würde aller kann heute über das Völkerrecht durchgesetzt werden. Wir leben in einer Welt internationaler Institutionen. Seit 1945 leben wir mit der Charta der Vereinten Nationen. Die Israelis sagen, dass Gott ihnen das Land, ihnen Hebron gegeben hat. Ich sage hingegen: Die Charta der Vereinten Nationen hat euch das Land nicht gegeben. Als Mitglied der

Vereinten Nationen müsst ihr euch an die Charta halten, an die Erklärung der Menschenrechte, an die sozialen und kulturellen Rechte, die sie verkündet. Das Völkerrecht muss vor dem nationalen Egoismus Vorrang haben. Wenn ein Staat, so wie China, gegen das Recht eines Volkes auf die eigene Kultur verstößt, müsste dieser Staat gezwungen werden, das Völkerrecht einzuhalten, anstatt egoistische nationale Interessen zu verfolgen.

D. L.: Völlig richtig!

Die Praxis der Gewaltlosigkeit

Die Herausgeber: Der Arabische Frühling hat uns einerseits das gezeigt, was der amerikanische Präsident Obama eine gewaltfreie Revolution nannte – im Fall von Tunesien und Ägypten, wo das Internet auf ganz neue und intensive Weise genutzt und ein riesiger gemeinschaftlicher Kommunikationsraum geschaffen wurde –, im Fall von Libyen kam es andererseits zu Militärinterventionen, die von den Verantwortlichen als »humanitäre

Kriegseinsätze« bezeichnet wurden. Dieser Begriff kommt uns äußerst widersprüchlich vor. Sind die Menschenrechte nicht untrennbar mit Gewaltlosigkeit verbunden?

D. L.: Natürlich. Die Menschenrechte bedeuten Wahrung menschlichen Lebens und menschlicher Würde.

S. H.: Die Verteidigung der Menschenrechte ist per se gewaltlos. Werden diese Rechte aber mit Füßen getreten, kann das zu Gewalt führen. Und da kommt dem Begriff »Respekt« eine große Rolle zu. Wir brauchen Toleranz und Respekt. Niemand hat das Recht zu sagen: Werden »meine« Menschenrechte verletzt, setze ich mich mit Gewalt zur Wehr. Genauso wenig darf man sich empören, um ureigene Interessen zu vertreten. Empören soll man sich um menschlicher Werte willen, die uns alle angehen.

D. L.: Wenn die Umstände ein hartes Vorgehen erfordern, wenn es nicht die geringste Alternative gibt, kann eine bestimmte Handlungsweise den Anschein von Gewalt erwecken, ohne im Kern gewaltsam zu sein. Theoretisch ist das durchaus denkbar. In der Praxis ist das nicht so leicht. Dann ist die einzig mögliche Unterscheidung zwischen Gewalt und Gewaltlosigkeit der Beweggrund. Daher halte ich die Korruption, die unsere moderne Welt verseucht, auch für eine Form von Gewalt. Es geht dabei um Lug und Trug, die im Kern gewaltsam sind.

DIE HERAUSGEBER: Heißt das, man kann mit gewaltfreier Gesinnung gewaltsam handeln?

D. L.: Theoretisch ja, aber in der Praxis stellt sich das schwierig dar, wie ich eben ausgeführt habe.

DIE HERAUSGEBER: Gandhi sagt sogar: »Wo man nur die Wahl hat zwischen Feigheit und Gewalt, würde ich zur Gewalt raten.« Als Beispiel führt er ein Gespräch mit seinem ältesten Sohn an. Der wollte wissen, wie er sich hätte verhalten sollen, als sein Vater 1908 einem Attentat zum Opfer fiel. »Ich habe ihm geantwortet, er hätte mich beschützen müssen, auch um den Preis eines gewaltsamen Vorgehens.«[6]

D. L.: Zu dieser Frage gibt es auch eine buddhistische Parabel. In einem früheren Leben war der

Buddha einmal Kapitän eines Schiffes mit 500 Mann Besatzung. Er bekam Wind davon, dass einer von ihnen vorhatte, die anderen 499 zu töten, um ihre Habseligkeiten zu rauben. Dreimal versuchte er, den Mann davon abzubringen, aber der hielt an seinem Plan fest. Da stellte der Buddha folgende Überlegung an: »Wenn ich ihn nicht töte, werden die anderen 499 sterben. Doch wenn ich ihn töte, nehme ich das schlechte Karma in Kauf, das die Ermordung eines Menschen mit dem Ziel, 499 Menschenleben zu retten und denjenigen vor dem Verbrechen zu bewahren, 499 Menschenleben auszulöschen, nach sich zieht. Aber wenn ich ihn nicht töte, bin ich überdies mitschuldig am Tod von 499 Menschen.« Also hat der Buddha seine Waffe gezogen und den Mann getötet.

Wir müssen von Fall zu Fall entscheiden

S. H.: Vorsicht! Mit der Begründung, ein Verbrechen zu begehen, gewissermaßen als Opfer, um Hunderte andere Verbrechen zu verhindern, reden sich alle modernen Tyrannen heraus. Demnach setzen sie die Folter nur ein, um versteckte Waffen aufzuspüren und Tausende Menschen vor tödlichen Anschlägen zu bewahren. Ich halte es für gefährlich, Gewalt in Ausnahmefällen zu rechtfertigen und diejenigen, die sie ausüben, zwangsläufig von Schuld freizusprechen. Zu diesem Mittel greifen wir, im Namen der Menschenrechte, wenn wir gegen Diktaturen vorgehen, weil wir ansonsten gegen sie machtlos sind, dabei hätten wir erst gar nicht zulassen dürfen, dass sie entstehen. Wir haben diese Diktaturen geduldet, um unsere eigenen Interessen durchzusetzen, und dafür das Leiden der Bevölkerung in Kauf genommen. Allgemein gesagt, ist Gewalt gegen andere kaum zu rechtfertigen. Wer sich selbst Gewalt antut, kann durch Schockwirkung zuweilen große Veränderungen anstoßen, wie in Tunesien nach der Selbstverbrennung des jungen fliegenden Händlers Mohamed Bouazizi[7]. Wir können nie wissen, was die Hauptursache einer solchen Veränderung sein wird. Der Prozess mag schon stufenweise eingesetzt haben, aber dann wird plötzlich ein Ereignis oder eine Persönlichkeit wie Gorbatschow[8] oder Nelson Mandela[9] zum Schlüsselelement, das den Wandel beschleunigt – weil diese Menschen

Visionäre sind, aber auch, weil die Umstände sich verändert haben. Ich bin sicher, dass China sich eines Tages verändern wird, nach und nach oder infolge eines Schocks, den einige Einzelkämpfer auslösen, indem sie etwas Unerwartetes, Drastisches tun, wie beispielsweise sich selbst zu opfern.

D. L.: Ich teile Ihre Ansicht, darum habe ich ja auch von Theorie gesprochen. Die Praxis ist sehr kompliziert und oft unvorhersehbar. Die Tyrannei wird zumeist von Diktaturen ohne demokratische Strukturen ausgeübt. Über diese komplexen Situationen müssen wir von Fall zu Fall entscheiden, wir können nicht verallgemeinern. Viele heutige Probleme sind durch frühere Versäumnisse entstanden. Und so möchte ich auf einen weiteren großen Unterschied zwischen Gewalt und Gewaltlosigkeit hinweisen: Bei gewaltsamen Einsätzen sind die Folgen unberechenbar. Man muss immer mit dem Schlimmsten rechnen. Die Auswirkungen lassen sich weder im Vorfeld einschätzen noch später beherrschen, wie man unlängst wieder in Irak und Libyen gesehen hat, um zwei furchtbare Beispiele zu nennen. Bei Gewaltlosigkeit braucht man zuweilen einen langen Atem, aber sie birgt vergleichsweise kaum Risiken, die außerdem leicht zu kontrollieren sind.

S. H.: Ich glaube, dass man genau unterscheiden muss zwischen Gewaltlosigkeit einerseits und Entschlossenheit, Mut und Zuversicht andererseits. Wir können voller Selbstvertrauen sein, wir können beherzt handeln und dennoch auf Gewalt verzichten. Wie halten es die Empörten, die sich heute weltweit in Scharen erheben? Ihre Losung lautet: Wir wollen unsere Werte nicht preisgeben. Wir sind entschlossen, aber wir bleiben friedlich. Mandela, Václav Havel[10], Martin Luther King[11] und sogar Gandhi – denn wir dürfen nicht vergessen, dass Gandhi sich bestimmten Aussagen zum Trotz stets gegen Terror verwahrt hat – haben alle das Gleiche gefordert: Seid entschlossen, mutig, kühn, setzt, falls nötig, euer eigenes Leben aufs Spiel, aber tötet niemals einen anderen Menschen! Das ist möglich, manchmal unmöglich. Ich weiß es selbst nicht. Was sagen Sie dazu?

D. L.: Als ich 1959 aus dem von China besetzten Tibet ins indische Exil geflohen bin, haben mir viele Anhänger Gandhis empfohlen, den Kampf innerhalb Tibets so zu führen, wie er das in Indien getan hatte. Ich wies sie darauf hin, dass der englische Imperialismus, so verwerflich er auch war, auf einer demokratisch geprägten Regierungsform beruhte: Es gab eine vergleichsweise unabhängige Justiz, Meinungs- und Pressefreiheit. Gandhi konnte sich vom Gefängnis aus Gehör verschaffen, er konnte Zeitungsartikel verfassen. Der moderne Imperialismus, wie im Fall des kommunistischen China, kennt keine Demokratie, keine Rechtsstaatlichkeit. Das ist ausschlaggebend. Dennoch beharre ich darauf, dass wir weiterhin auf gewaltlose Weise für die Anerkennung unserer Rechte kämpfen müssen, auch wenn manche jungen Tibeter uns zu passiv finden. Seit 1959 sind über fünfzig Jahre vergangen, aber nichts ist passiert – so lautet ihr Tenor. Und ich antworte ihnen: Seht doch, immer mehr Chinesen erklären sich mit uns solidarisch. Die Unterstützung durch das chinesische Volk ist ein bedeutender Sieg. Hätten wir Gewalt eingesetzt, wäre sie uns versagt geblieben. Überdies wird das chinesische Volk ewig auf chinesischem Boden sein, während die Diktatoren, so lange sie auch regieren mögen, eines Tages verschwinden werden, und wenn es noch zehntausend Jahre dauert!

Wissenschaftlicher und geistiger Fortschritt

DIE HERAUSGEBER: Albert Camus, französischer Literaturnobelpreisträger von 1957, schrieb einmal, er habe sich mit der Theorie der Gewaltlosigkeit auseinandergesetzt und neige zu dem Schluss, dass man auf diesem vielversprechenden Weg als Vorbild voranschreiten müsste. Dazu bedürfe es allerdings einer Größe, die ihm persönlich abgehe.[12]

S. H.: Camus war sehr bescheiden, er hat eingeräumt, dass ihm zur Gewaltlosigkeit, so erstrebenswert er sie fand, die nötige geistige Stärke fehlte. Und man muss tatsächlich sehr stark sein, um gewaltfrei zu leben. Denn in einer Situation, die Gegenwehr verlangt, ist die Versuchung groß, Gewalt zu üben, und der Versuchung kann man nur standhalten, wenn man über Geistesgröße verfügt. Camus lebte in Algerien, zu einer Zeit, als Franzosen und Algerier sich befehdeten, weil die Algerier ihre Unabhängigkeit anstrebten. Er sagte selbst, er sei nicht stark genug, um Gandhi nachzueifern. Es liegt auf der Hand, dass man nicht nur Intelligenz braucht, sondern auch Mut und Großherzigkeit.

D. L.: Ein klares, starkes Bewusstsein.

Die Herausgeber: Kann man Gewaltlosigkeit lehren?

D. L.: Das Ergebnis unserer Zusammenarbeit mit Neurowissenschaftlern beginnt Früchte zu tragen. Vor zwei Jahren haben im kanadischen Montreal mehrere Universitäten und Professoren ein gemeinsames Seminar angeboten, um auf laizistischem Weg Mitgefühl zu lehren. Sie haben mich eingeladen, und ich bin hingefahren. Ein solcher Ansatz zielt in eine ganz andere Richtung als das moderne Bildungssystem, in dem Ethik keinen Platz hat. Vor vielen Jahren habe ich auf einer Konferenz diese Frage einer säkularen Ethik aufgeworfen, und ich weiß noch genau, wie mir ein deutscher Pastor mit den Worten widersprach: »Ethik kann nur auf Religion gründen.« Ein Standpunkt, den ich auch von einem muslimischen Freund kenne. Er findet ebenfalls, dass es ohne Religion keine Ethik geben kann. Wenn dem so wäre, könnte man keine Ethik lehren, die sich sowohl an Gläubige wie auch Nichtgläubige richtet und damit allgemeingültig ist. Ich glaube allerdings, dass es auch ohne Religionszugehörigkeit möglich ist, menschliche Tugenden wie Mitgefühl, Toleranz und Unbestechlichkeit zu entwickeln, anhand von Werten, die nicht zwingend religiös bestimmt sind. Diese allgemeingültigen Werte bezeichne ich als säkulare Ethik. Den Ausdruck »säkular« gebrauche ich hier im Sinn der indischen Verfassung, er bedeutet keine Verachtung oder Missachtung der Religion. Ganz im Gegenteil, darin drückt sich die gleiche Achtung für alle Religionen und für die Nichtgläubigen aus. Inzwischen nehmen immer mehr Lehrer und Wissenschaftler an Versuchsprogrammen teil und haben bereits sehr positive Ergebnisse erzielt. Nächstes Jahr werden wir uns in Neu-Delhi an einer indischen Universität mit Lehrern zusammenschließen, die sich alle mit diesem Thema befassen, und ganz ernsthaft erforschen, wie man einen laizistischen Ethik-Unterricht in das moderne Bildungssystem einführen kann. Ich hege die berechtigte Hoffnung, dass wir in ein bis zwei Jahren konkrete Maßnahmen vorstellen können. Wir beginnen in Indien, weil dieser wohltuende säkulare Geist seit Jahrhunderten Teil der indischen Kultur und Tradition ist und er in die Verfassung aufgenommen wurde. Der Säkularismus ist im politischen System Indiens ein unantastbares Prinzip.

DIE HERAUSGEBER: Es wäre also durchaus vorstellbar, diesen »geistigen Fortschritt«, der universellen Charakter hat, in das umfassende Programm der Allgemeinen Erklärung der Menschenrechte einzubeziehen. Bisher verweist sie in Artikel 27 ausschließlich auf den »wissenschaftlichen Fortschritt«. Dabei ist es gerade diesem Fortschritt zu verdanken, dass wir heute von einer universellen – statt religiösen – Geistigkeit ausgehen können.

D. L.: Ich denke schon. Wie gesagt: Wir können den Geist auf religiöser Ebene behandeln – dann ist er nicht universell –, oder wir heben ihn auf eine andere Stufe, die alle einbezieht, eine universelle Basis bietet. Gemeint ist der Geist, den jeder von uns in sich trägt, der allen Menschen eigen ist. Das ist der Geist, den wir »kartographieren« wollen.

Geistige Demokratie

S. H.: Ich bin voll und ganz mit Ihnen einverstanden, aber ich würde unser Augenmerk gern auf den Aspekt der Demokratie lenken. Sie umfasst alle Menschen, nicht bloß die Bessergestellten, sondern restlos alle. Wenn wir nun weltweit eine entsetzliche Kluft zwischen den Reichsten und den Ärmsten feststellen, muss die Demokratie wirksam werden, sie muss entsprechend reagieren, den Ärmsten zu ihren Rechten und bürgerlichen Freiheiten verhelfen. Das ist Sinn und Zweck von Politik, und damit begeben wir uns wieder auf geistiges Terrain. Wir wollen, dass unsere Regierungen nationale Eigeninteressen überwinden und miteinander kooperieren. Wir brauchen diese internationale Regierungszusammenarbeit und den Multilateralismus, weil wir inzwischen wissen, was wo passiert. Falls jemand im Süden Ägyptens getötet wird, erfahren wir das sofort. Wir brauchen weltweit eine demokratische Führung, die sich im Einklang mit dieser säkularen Ethik, die Sie gerade formuliert haben, für Gewaltlosigkeit und Mitmenschlichkeit einsetzt. Natürlich eine laizistische Demokratie, die allerdings vom Geist der Toleranz beseelt ist, das eine schließt das andere nicht aus. Es kommt mir jedoch nicht zu, das einzufordern, das können nur Sie tun.

D. L.: Doch, Sie sind mir an Jahren voraus, Sie haben uns einiges mitzuteilen. Sie waren unmittelbar nach Gründung der UNO für die Organisation tätig, und Sie waren an der Ausarbeitung der Allgemeinen Erklärung der Menschenrechte beteiligt, so dass ich Sie heute diesbezüglich um Rat fragen möchte. Die Vereinten Nationen sind das bedeutendste Organ der Welt, aber leider vertreten sie inzwischen ausschließlich die Regierungen, nicht die Völker. Ich weise immer wieder darauf hin, dass die Welt weder Königen noch geistlichen Führern oder Geschäftsmännern gehört, sondern der Menschheit. Die USA gehören ihren 320 Millionen Einwohnern und nicht den Republikanern oder Demokraten. China gehört den 1,3 Milliarden Chinesen, nicht der kommunistischen Partei. Durch das Volk für das Volk, das ist echte Demokratie! Es gibt kein besseres System. 2011 habe ich selbst durch die personelle Trennung vom Amt des weltlichen und des geistigen Oberhaupts Tibets entsprechende Änderungen vorgenommen. Damit ist der Prozess abgeschlossen, der Anfang der 1960er Jahre mit der demokratischen Wahl von tibetischen Volksvertretern eingeleitet wurde, 2001 kam die Wahl des Premierministers der Exilregierung hinzu. Leider kann sich nur die tibetische Exilgemeinschaft an diesen Wahlen beteiligen. Als die Irak-Krise ausgebrochen ist, drängte man mich, nach Bagdad zu fahren und Saddam Hussein zu treffen. Ich erklärte, ein solches Unterfangen sei sinnlos, da ich noch nie mit ihm zu tun gehabt hatte und auch sonst niemanden in Irak kannte. Wie hätte ich überhaupt dorthin gelangen können? Damals hielt ich es für wirkungsvoller, eine Gruppe von Nobelpreisträgern zu einem Irak-Besuch zu bewegen, um die brisante Lage auf friedliche Weise zu entschärfen, ohne Anwendung von Gewalt. Das habe ich sogar auf einer Konferenz des Prager Forum 2000 angeregt, das der vormalige tschechische Präsident Václav Havel mitbegründet hatte. Mein Vorschlag wurde mit großem Interesse aufgenommen. Wenn die Vereinten Nationen sich einschalten, denkt man automatisch, dass die USA oder eine andere politische Supermacht dahintersteckt. Das behindert leider viele Initiativen der UNO. In meinen Augen wird ihre Arbeit auch durch die nicht durchgängig demokratischen Entscheidungsstrukturen erschwert. Das Vetorecht im UN-Sicherheitsrat[13] ist ein ernstes Problem. So brauchen nur ein oder zwei der ständigen Mitglieder gegen eine mehrheitlich getroffene Entscheidung zu stimmen, um das Verfahren zu blockieren.

Reform der Vereinten Nationen

S. H.: Tatsächlich ist es momentan unerträglich zu erleben, wie Russland und China, beide ständige Mitglieder des Sicherheitsrats, nur aufgrund ihrer eigenen nationalen Interessen eine UN-Resolution gegen das Regime von Baschar al-Assad verhindern. Dabei bekommen wir über das Internet täglich neue furchtbare Bilder von der grausamen Repression in Syrien. Es ist ohnehin höchste Zeit für die Umwandlung des Sicherheitsrats in ein Organ, das nicht nur für politische, sondern auch für wirtschaftliche und soziale Sicherheit zuständig ist. Dort sollten die 20 oder 25 aufgrund ihres demografischen, wirtschaftlichen und kulturellen Gewichts »verantwortungsvollsten« Staaten der Welt vertreten sein. Es gäbe kein Vetorecht. Die Entscheidungen würden mit qualifizierter Mehrheit getroffen, denkbar wäre eine Zweidrittelmehrheit.

D. L.: Schon seit Jahren wünsche ich mir ein Gremium, das nicht aus Regierungsvertretern besteht, sondern einfach aus integren Persönlichkeiten wie Desmond Tutu[14] oder Sie selbst, Persönlichkeiten, denen allgemein vertraut wird. Ein solches Gremium könnte die Menschen beim Generalsekretariat der Vereinten Nationen viel wirksamer vertreten, insbesondere in Krisenzeiten, wenn bei der Entscheidungsfindung nicht alle Interessen berücksichtigt werden.

S. H.: Das sehe ich genauso. Wir brauchen ein Komitee von Weisen wie Gorbatschow, die keine Machtposition mehr bekleiden und sich ausschließlich für das Wohl der Menschheit einsetzen. Weise, die den UN-Generalsekretär unverblümt auffordern, das Vetorecht abzuschaffen und für Einigung zu sorgen. Aber wir brauchen auch eine junge Generation, die weltweit auf die Straße geht, ihren Unmut äußert und sich für echte Demokratie starkmacht. Denn wenn die Straßen voller junger Demonstranten sind, werden die Regierungen auf die weisen Alten hören, andernfalls müssten sie die Jugend bekämpfen. Und weil das nicht im Interesse der Regierungen ist, werden sie auf die Weisen hören!

D. L.: Möglicherweise.

S. H.: Ja, schließlich hat der Generalsekretär die Aufgabe, Frieden zu stiften und zu wahren. Wenn er erkennt, dass er für seine Arbeit die Unterstützung von Personen braucht, die aufgrund ihres Wissens, ihrer Erfahrung und ihrer vielfältigen kulturellen Herkunft als Fürsprecher der Menschheit ausgewählt wurden – etwa ein Dutzend, mehr nicht, hochangesehene Persönlichkeiten, möglichst mehr Frauen als Männer –, wird er mit ihrer Hilfe die angesichts einer wachsenden Gefährdung des Weltfriedens nötigen Reformen umsetzen können. Natürlich sind die Vereinten Nationen ein intergouvernementales Organ, die Entscheidungen werden von den Regierungen getroffen, aber der Generalsekretär kann gemäß Artikel 99 der Charta den Sicherheitsrat auf dringenden Handlungsbedarf hinweisen. Das ist seine Pflicht.

Die Herausgeber: Ein solches Weisen-Komitee könnte auch die bemerkenswerte Einlassung des

Asienkenners und Missionars Pater Ponchaud erörtern, der die Weltöffentlichkeit als Erster über die Gräueltaten der Roten Khmer in Kenntnis setzte: »Auch wenn es manche schockieren mag, bin ich der Meinung, dass das Konzept der Menschenrechte nicht universal, sondern ein Teil des jüdisch-christlichen Erbes ist, auf den ich mich bei meinen humanitären Einsätzen berufe: Jede Person ist eine Tochter oder ein Sohn Gottes! Heilig ist nur der Mensch. Für einen Buddhisten gibt es den Begriff der Person nicht: Der Mensch ist kein Subjekt, sondern bloß ein Bündel Energie, das sich positiv oder negativ auflädt, je nachdem, ob er gut oder schlecht gehandelt hat. Das ergibt sich zwangsläufig. Wir können unseren christlichen Beitrag zur Menschheitsgeschichte nicht anderen Kulturen aufzwingen. Davon abgesehen finde ich es einigermaßen deplatziert, dass der materialistische, überhebliche Westen sich als Verteidiger der Menschenrechte aufspielt.«[15] Was halten Sie davon?

S. H.: Ich bin ganz anderer Meinung. Natürlich tut Pater Ponchaud gut daran, die Mängel des materialistischen Westens anzuprangern. Doch die Verfasser der Allgemeinen Erklärung der Menschenrechte hatten keineswegs den Westen im

Sinn, sondern sehr wohl die ganze Menschheit. Zu diesen Verfassern zählten ein Chinese, ein Libanese, mehrere Lateinamerikaner und ein Inder. Nicht ohne Grund hat René Cassin[16] durchsetzen können, dass die Erklärung mit dem Adjektiv »allgemein« versehen wird, was im internationalen Kontext einzigartig ist. Wir dürfen nicht zulassen, dass Diktatoren sich hinter dem Argument verschanzen, die Erklärung sei auf den Westen zugeschnitten, um sich ihren Forderungen zu entziehen. Nicht Gott sorgt für Gerechtigkeit, sondern die Menschen, die aufrechten Demokraten müssen es tun.

D. L.: Wir Menschen sind im Kern doch alle gleich, egal, aus welchem Land oder Kontinent wir stammen. Wir haben alle die gleichen Wünsche und Sorgen. Wir streben alle nach Glück und versuchen alle, uns vor Leid zu schützen, ungeachtet unserer Rasse, Religion, unseres Geschlechts und politischen Status. Als Menschen, als empfindsame Wesen haben wir alle einen Anspruch auf Glück, auf ein Leben in Freiheit und Frieden. Im asiatischen Raum haben manche Regierungen behauptet, dass die Menschenrechte, die in der Allgemeinen Erklärung aufgeführt sind, vom Westen bestimmt wurden, in Asien und anderen Teilen der Dritten Welt könne man sie aufgrund von kulturellen Unterschieden und des wirtschaftlichen und sozialen Gefälles nicht umsetzen. Diesen Standpunkt teile ich nicht, und ich bin überzeugt, das gilt auch für die Mehrheit der Asiaten, denn es liegt nun mal in der Natur aller Menschen, nach Freiheit, Gleichheit und Würde zu streben, und die asiatischen Völker haben darauf das gleiche Recht wie alle anderen. Ich sehe keinerlei Widerspruch zwischen der Forderung nach wirtschaftlicher Entwicklung und der Forderung nach Einhaltung der Menschenrechte. Die reiche Vielfalt der Kulturen und Religionen sollte dazu beitragen, die grundlegenden Menschenrechte überall auf der Welt zu verankern, denn diese Vielfalt speist sich aus den Werten und Bedürfnissen, die uns alle als Mitglieder der Gemeinschaft der Menschen verbinden. Auf keinen Fall dürfen soziale und kulturelle Unterschiede zur Rechtfertigung von Menschenrechtsverletzungen dienen. Es gibt keine Entschuldigung für die Diskriminierung eines Menschen wegen seiner Rasse, seines Geschlechts oder seines sozialen Status. Dort, wo das noch geschieht, muss ein Wandel erfolgen. Das universelle Prinzip der Gleichheit aller Menschen hat absoluten Vorrang. Es sind in erster Linie die autoritären und totalitären Regime, die den allgemeinen Charakter der Menschenrechte bestreiten. Es wäre ein großer Fehler, in diesem Punkt nachzugeben. Man sollte im Gegenteil diese Regime dazu zwingen, die allgemein anerkannten Prinzipien zu achten und sich im langfristigen Interesse ihrer eigenen Bevölkerung daran zu halten.

Das Sonett 116

D. L.: Sie haben die nötige moralische Autorität, um den Generalsekretär der Vereinten Nationen anzusprechen und ihm die Gründung dieses Weisen-Komitees vorzuschlagen.

S. H.: Dafür bin ich jetzt zu alt, Eure Heiligkeit. Ich habe einen Punkt in meinem Leben erreicht, an dem ich mich auf das Danach vorbereiten muss. Die Arbeit überlasse ich besser denjenigen, die noch eine Weile da sein werden. Ich betrachte es als ein großes Privileg, Sie getroffen zu haben, nicht nur gestern, sondern auch heute, gleich zweimal. Beim nächsten Mal werden Sie vielleicht ohne mich hier sitzen, ich werde woanders sein, aber ich werde an Sie denken, egal wo ich bin, werde ich an Sie denken, in der Hoffnung, dass alle Ihre Wünsche in Erfüllung gehen, Frieden für alle, Toleranz für alle, Wohlwollen für alle, guter Wein und schöne Poesie.

D. L.: Sie sollten wissen, dass ich meine beiden wichtigsten Ziele bis an mein Lebensende verfolgen werde: erstens das harmonische Miteinander der Religionen zu befördern und zweitens für die Besinnung auf innere Werte zu werben – in meinen Augen die einzige Quelle für ein gelungenes, für ein sinnerfülltes Leben. Ich werde mich stets dafür engagieren, egal, was passiert.

Die Herausgeber: Wie wäre es mit etwas Poesie, Eure Heiligkeit? Bevor wir uns verabschieden, würden wir Stéphane, der Hunderte von Gedichten auswendig kann, gern bitten, uns jenes Shakespeare-Sonett vorzutragen, das er sich im Juli 1944 in die Tasche gesteckt hatte, im Glauben, er würde von der Gestapo hingerichtet werden: »Wenn ich einst tot bin, traure nicht …«

S. H.: Nein, das ist jetzt nicht das richtige Sonett. Da wir vor allem Liebe brauchen, möchte ich dieses hier zum Besten geben:

Let me not to the marriage of true minds
Admit impediments. Love is not love
Which alters when it alteration finds,
Or bends with the remover to remove:
O no! it is an ever-fixed mark
That looks on tempests and is never shaken;
It is the star to every wandering bark,
Whose worth's unknown, although his height be taken.
Love's not Time's fool: though rosy lips and cheeks
Within his bending sickle's compass come:
Love alters not with his brief hours and weeks,
But bears it out even to the edge of doom.
If this be error and upon me proved,
I never writ, nor no man ever loved.[17]

D. L.: Wunderbar!

ANMERKUNGEN DES AUTORS

1 Matthieu Ricard zufolge wird ein »empfindsames Wesen«, das über ein Bewusstsein verfügt, im Buddhismus darüber definiert, dass es zwischen Wohlbefinden und Leid, oder einfacher gesagt, zwischen Lust und Schmerz unterscheiden kann.

2 Das Gesetz von Ursache und Wirkung. Karma (Sanskrit: Wirken, Tat) bezieht sich im Wesentlichen auf die Folgen von guten oder bösen Taten, die sich entweder durch Wohlbefinden oder durch Leiden ausdrücken. Nagarjuna, ein indischer Philosoph aus dem 2. Jahrhundert unserer Zeitrechnung, gilt als »zweiter Buddha«, weil er sich besonders intensiv mit der Kausalität beschäftigt hat, unter anderem in seinem Werk *Lehrstrophen über die grundlegenden Lehren des Mittleren Weges.* Er distanziert sich von allen Extremen, duldet weder Ewigkeitsglauben noch Nihilismus: Alles ist erlaubt, nichts existiert an sich – was einen zum Handeln befähigt. Im Westen wurde dieses befreiende Denken erst im 20. Jahrhundert durch den deutschen Phänomenologen Edmund Husserl ausgearbeitet, dessen Werk großen Einfluss auf die zeitgenössische Philosophie ausübte.

3 Seit dem 16. März 2011 wurden 26 Selbstverbrennungen von Mönchen, Nonnen (zwei) und Laien gezählt. Die allererste der tragischen Serie war die von Tapey (oder Tenpe), eines jungen Mönchs aus dem Kloster Kirti am 27. Februar 2009. Der bei weitem größte Teil dieser Selbstverbrennungen fand in der Provinz Sichuan statt, in der Region Amdo, die früher zu den drei großen Regionen Tibets zählte. Aus dem Amdo stammt auch der 14. Dalai Lama. Insbesondere die Klostergemeinschaft von Kirti – die in Sichuan zwei Klöster unterhält, die wiederum für rund vierzig kleine, auf der Hochebene verstreute Tempel zuständig sind, sowie das 1990 in Dharamsala neu gegründete Exilkloster – wird als »Epizentrum der Bewegung« angesehen, wie Ursula Gauthier, Korrespondentin des *Nouvel Observateur* in Peking, feststellt. Als Hochburg des tibetischen Widerstands war diese Gemeinschaft maßgeblich an den Unruhen vom März 2008 beteiligt, als Mönche, Nonnen und Laien sich gemeinsam gegen den kulturellen Genozid durch die chinesischen Machthaber auflehnten. Seit vier Jahren sind die Mönche von Kirti ständigen polizeilichen und militärischen Kontrollen ausgesetzt, sie werden regelmäßig patriotischen Umerziehungsmaßnahmen unterzogen und gezwungen, sich zur Volksrepublik China zu bekennen. Die Pekinger Regierung verdächtigt die Mönche, aktive Beziehungen zur Widerstandsbewegung im Ausland zu unterhalten. Seit März 2011 hat das Regime seine Unterdrückungsmaßnahmen noch weiter verschärft und damit nicht nur

junge Mönche zu dieser furchtbaren Form der Selbsttötung getrieben, sondern auch hochrangige buddhistische Lehrmeister, denen die möglichen karmischen Folgen einer solchen Tat durchaus bewusst sind – sie könnten im Kreislauf der Reinkarnation um bis zu 500 Leben zurückgeworfen werden.

4 Robert Thurman, Vater der Schauspielerin Uma Thurman, ist Professor für Indo-Tibetische Buddhistische Studien an der New Yorker Columbia University. Dieser enge Freund des Dalai Lama wurde 1997 vom *Time Magazine* zu einem der »25 einflussreichsten Männer Amerikas« gekürt.

5 Francisco Varela war ein bedeutender Neurowissenschaftler. 1987 gehörte er zu den Mitbegründern des Mind and Life Institute zur Förderung interkultureller Dialoge zwischen Wissenschaftlern und Vertretern des Buddhismus (Lehrmeistern und Kontemplativen). Richard Davidson, genannt »Richie«, ist einer der weltweit führenden Hirnforscher. Er leitet das Labor für affektive Neurowissenschaft an der University of Wisconsin-Madison in den USA und untersucht als Pionier seit fünfzehn Jahren die Auswirkungen von Meditation auf das Gehirn. Matthieu Ricard ist buddhistischer Mönch und Molekularbiologe mit Abschluss in Zellulargenetik. Seit vierzig Jahren lebt er im Himalaya, er ist der französische Dolmetscher des Dalai Lama und hat von Anfang an die Studien der Neurowissenschaftler zur Wirkung von

Geistestraining und Meditation auf das Gehirn und das körperliche Wohlbefinden begleitet.

6 Gandhi (1869–1948), »Die Doktrin des Schwertes«, *Young India,* Ausgabe vom 11. August 1920. Er war selbst Gründer und Chefredakteur dieser Wochenzeitung. Wir wollen daran erinnern, dass Gandhi die Gewaltlosigkeit nicht im Namen der Moral, sondern im Namen der Vernunft befürwortete, weil »Gewalt durch ihre Wirkungslosigkeit gegen die Vernunft verstößt«. Gandhi war ein Verfechter der »Direkten Aktion«: Boykotts, Hungerstreiks, Arbeitsverweigerung ... Inspiriert hatte ihn unter anderem die Lektüre des großen russischen Schriftstellers Tolstoi (1828–1910) und des amerikanischen Essayisten Henry David Thoreau (1817–1862), insbesondere dessen Schriften zum zivilen Ungehorsam, die Gandhi im Gefängnis entdeckte und die in seinen Augen die »wissenschaftliche Bestätigung« seines Ansatzes lieferten. Er las den Engländer John Ruskin (1819–1900), der die verheerende Rolle von Geld und Marktwirtschaft geißelte, und vertiefte sich gleichzeitig in das Studium des Korans, des Neuen Testaments und der Baghavad Gita, des großen spirituellen Lehrgedichts Indiens.

7 Am 17. Dezember 2010 wurde der junge fliegende Händler in Sidi Bouzid, einer Stadt im Zentrum Tunesiens, vorübergehend festgenommen, weil er keinen Gewerbeschein vorweisen konnte. Um gegen diese Unge-

rechtigkeit zu protestieren, steckte er sich selbst in Brand und erlag am 4. Januar 2011 seinen Verletzungen. Diese Tat gilt als Fanal der ersten Revolution des Arabischen Frühlings, die in Tunesien am 14. Januar 2011 zum Sturz von Präsident Ben Ali führte und danach stufenweise auf fast alle arabischen Länder übergreifen sollte. Dabei wurden durch den Einsatz von Internet und sozialen Netzwerken neue Formen des gewaltlosen Widerstands erschlossen.

8 Michail Gorbatschow, 1931 geboren, wurde am 11. März 1985 zum Generalsekretär der Kommunistischen Partei der Sowjetunion (KPdSU) gewählt. Mit seinem Programm der Offenheit (Glasnost) und Reform (Perestroika) setzte er zugleich das Prinzip der Gewaltlosigkeit um, sowohl innenpolitisch – indem er sich für die ersten freien Wahlen seit der Oktoberrevolution von 1917 starkmachte, keine absolute Macht beanspruchte, der Presse mehr Freiheiten gewährte, einen privatwirtschaftlichen Sektor einführte – als auch außenpolitisch: 1990, nach seiner Wahl zum Präsidenten der UdSSR immer noch Generalsekretär der KPdSU, plädierte Gorbatschow für nukleare Abrüstung und Gewaltverzicht. So versuchte er unter anderem das zu tun, was der Dalai Lama gern getan hätte, nämlich Saddam Hussein zum Einlenken zu bewegen. Als er 1991 von allen Seiten bedrängt wurde – den konservativen Kräften, rivalisierenden Reformpolitikern, streikenden Minenarbeitern –, die Lebenshaltungskosten explodierten, das bürokratische System

nach wie vor zu schwerfällig agierte, die Sowjetunion zerbrach – da beispielsweise die baltischen Staaten ihre Unabhängigkeit erlangen wollten –, trat er freiwillig zurück, um ein Blutbad zu vermeiden. 1986 hatte er gemeinsam mit dem indischen Premierminister Rajiv Gandhi die »Deklaration von Delhi« über eine Welt ohne Kernwaffen und Gewalt unterzeichnet. 1990 wurde Gorbatschow, ein Jahr nach dem Dalai Lama, mit dem Friedensnobelpreis ausgezeichnet.

9 Nelson Mandela, 1918 in Südafrika geboren, von Beruf Rechtsanwalt, hat ein Leben lang gegen die Rassentrennung – Apartheid – gekämpft, die seinem Land von der weißen Afrikaander-Minderheit auferlegt wurde. Zunächst mit friedlichen Mitteln, indem er sich 1944 dem ANC (Afrikanischen Nationalkongress) anschloss, der jedoch 1960 verboten wurde. Daraufhin gründete Mandela mit anderen Mitstreitern den bewaffneten Flügel des ANC, den er fortan leiten sollte. Nach einer Reihe von Sabotageakten gegen militärische und öffentliche Einrichtungen wurde er festgenommen und zu lebenslanger Haft verurteilt. 1990 kam er nach 27 Jahren im Gefängnis frei und betrieb mit Staatspräsident Frederik de Klerk eine Politik der Versöhnung, die zum Ende der Apartheid führte. Dafür wurden beide Männer 1993 gemeinsam mit dem Friedensnobelpreis ausgezeichnet. 1994 wurde Mandela zum ersten schwarzen Präsidenten Südafrikas gewählt. In diesem Zusammenhang fällt auf, wie viel in den 1990er Jahren durch Gewaltverzicht er-

reicht wurde, ein großer Fortschritt in der Geschichte der Bewegung.

10 Der Dramatiker Václav Havel, am 5. Oktober 1936 in Prag geboren, war zwölf Jahre lang der führende Kopf der tschechoslowakischen Dissidenten und verbrachte fünf dieser Jahre hinter Gittern. Nachdem er sich 1968 am von sowjetischen Panzern niedergewalzten Prager Frühling beteiligt hatte, erhielt er in seiner Heimat zwanzig Jahre lang Aufführungs- und Publikationsverbot. Havel war einer der ersten Sprecher der Charta 77, die sich gegen Menschenrechtsverletzungen richtete. Im November 1989 wurde er dann eine der führenden Figuren der Oppositionsbewegung »Bürgerforum«, die im Zuge der Samtenen Revolution die kommunistische Regierung ablöste. Von Dezember 1989 bis Juli 1992 war er Präsident der Tschechoslowakischen Republik, von 1993 bis 2003 Präsident der Tschechischen Republik, nachdem er die Trennung von der Slowakei nicht hatte verhindern können. »Wahrheit und Liebe müssen siegen über Lügen und Hass«, hatte er 1989 mit den anderen Demonstranten skandiert, bevor er seine tiefe Menschlichkeit und seine demokratische Gesinnung ganz in den Dienst der tschechischen Gesellschaft stellte. Am 18. Dezember 2011 starb er an den Folgen von Lungenkrebs. Eine Woche zuvor hatte er noch den Dalai Lama umarmt, den er gemeinsam mit Stéphane Hessel zum Forum 2000 über die Lage der Menschenrechte in Südostasien eingeladen hatte. Die

Veranstaltung war dem chinesischen Dissidenten und Friedensnobelpreisträger Liu Xiaobo gewidmet, der aufgrund seiner Mitarbeit an der Charta 08 bis heute im Gefängnis sitzt. In diesem Manifest wird nach dem Vorbild der Charta 77 die Demokratisierung Chinas gefordert. Václav Havel hatte sich im Vorfeld dafür starkgemacht, Liu Xiaobo mit dem Friedensnobelpreis auszuzeichnen.

11 Der afro-amerikanische Baptistenpfarrer Martin Luther King, am 15. Januar 1929 in Atlanta geboren, wurde am 4. April 1968 in Memphis, Tennessee, ermordet. Als gewaltloser Vorkämpfer für die Bürgerrechte der schwarzen Amerikaner, pazifistischer Gegner des Vietnamkriegs, begnadeter Redner – seine Rede »I have a dream« vom 28. August 1963 vor dem Lincoln Memorial in Washington ist legendär – hat er unter anderem Aktionen wie den Boykott der städtischen Busse von Montgomery in Alabama durchgeführt, um gegen die öffentliche Rassentrennung zu protestieren. Die Aufhebung der Rassentrennung und das allgemeine Wahlrecht wurden durch das *Civil Rights Act* und das *Voting Rights Act* unter Präsident Lyndon B. Johnson durchgesetzt. 1964 erhielt Martin Luther King als bis dato jüngster Preisträger den Friedensnobelpreis. Posthum wurden ihm von Jimmy Carter 1977 die Freiheitsmedaille, von den Vereinten Nationen 1978 der Menschenrechtspreis und vom amerikanischen Kongress 2004 die goldene Ehrenmedaille verliehen. Seit 1986 wird in den USA rund um

den 15. Januar der Martin Luther King Day als offizieller Gedenktag begangen.

12 Albert Camus in einem Brief an Étienne Benoist vom 12. März 1952, zitiert nach Oliver Todds Camus-Biographie *Une Vie*. Benoist (1901–1954) engagierte sich selbst für gewaltfreien Widerstand und hinterließ ein Werk, *Le Petit Testament*, das 1970 posthum erschienen ist. Sein Credo lautete: Man kann der Freiheit nicht entkommen.

13 Der Sicherheitsrat der Vereinten Nationen besteht aus fünfzehn Mitgliedern, davon sind fünf – China, die USA, Russland, Frankreich und das Vereinigte Königreich – ständige Mitglieder, die über ein Vetorecht verfügen. Es ist das einzige nicht demokratische Organ der UNO. Während alle anderen Organe nach dem Prinzip der Mehrheitswahl funktionieren, schreibt die Satzung dem Sicherheitsrat die Einstimmigkeit seiner fünf ständigen Mitglieder vor. Stéphane Hessel weist darauf hin, dass diese Regelung ursprünglich zur Beruhigung der fünf »Großmächte« diente, die [nach dem Zweiten Weltkrieg] eine Gefährdung ihrer eigenen Interessen befürchteten, sollten sie in der Minderheit sein. So unverzichtbar die Einstimmigkeitsklausel – besser bekannt als jenes »Vetorecht« – damals erschien, sorgt sie immer wieder für eine Blockade der UNO in brisanten Fragen, wie aktuell im Fall von Syrien: China und Russland verweigern trotz eindeutiger Mehrheit im Sicherheitsrat

eine Verurteilung der Verbrechen, die das Regime von Baschar al-Assad gegen das syrische Volk verübt.

14 1984 wurde der Friedensnobelpreis an Desmond Mpilo Tutu aus Südafrika verliehen. Der anglikanische Geistliche ist bei seinem unermüdlichen Kampf sowohl gegen die Apartheid als auch gegen die Rachsucht einiger einstmals Unterdrückter niemals von seiner Friedensbotschaft abgerückt. 1986 wurde er als erster Schwarzer zum Erzbischof der Anglikanischen Kirche Südafrikas geweiht, 1995 übernahm er den Vorsitz der von Nelson Mandela gegründeten Wahrheits- und Versöhnungskommission. Bis heute setzt er sich für die Einhaltung der Menschenrechte in aller Welt ein, so auch in Tibet. Im April 2012 zählte Desmond Tutu zu den zwölf Nobelpreisträgern, die den chinesischen Staatspräsidenten Hu Jintao mit einem offenen Brief zu einem Dialog mit dem Dalai Lama aufgefordert haben.

15 Pater François Ponchaud in einem Interview mit Bruno Philip, am 6. Dezember 2011 in der Tageszeitung *Le Monde* erschienen.

16 René Cassin (1887–1976) gilt als Vater der Allgemeinen Erklärung der Menschenrechte, die am 10. Dezember 1948 im Pariser Palais de Chaillot von der UNO angenommen wurde. Mit de Gaulle hatte er während des Zweiten Weltkriegs in London die freien französischen Streitkräfte gegründet, später war er Jurist und

Diplomat, zeitweise Vertreter Frankreichs bei den Vereinten Nationen und Mitglied der zwölfköpfigen UNO-Menschenrechtskommission, die unter dem Vorsitz der amerikanischen Präsidentenwitwe Eleanor Roosevelt die Menschenrechtscharta erarbeiten sollte. Damals war Stéphane Hessel als junger Diplomat und Büroleiter des Vize-UN-Generalsekretärs Henri Laugier mit dem Sekretariat der Kommission betraut. Im Rahmen der Kommissionsarbeit konnte Cassin manche Nationen, darunter Frankreich, beschwichtigen, die ihre koloniale Souveränität durch die Erklärung bedroht sahen. 1968 erhielt er den Friedensnobelpreis.

17 Das Sonett 116 auf Deutsch:

Nichts löst die Bande, die die Liebe bindet.
Sie wäre keine, könnte hin sie schwinden,
weil, was sie liebt, ihr einmal doch entschwindet;
und wäre sie nicht Grund, sich selbst zu gründen.

Sie steht und leuchtet wie der hohe Turm,
der Schiffer lenkt und leitet durch die Wetter,
der Schirmende, und ungebeugt vom Sturm,
der immer wartend unbedankte Retter.

Lieb' ist nicht Spott der Zeit, sei auch der Lippe,
die küssen konnte, Lieblichkeit dahin;
nicht endet sie durch jene Todeshippe.
Sie währt und wartet auf den Anbeginn.

Ist Wahrheit nicht, was hier durch mich wird kund,
dann schrieb ich nie, schwur Liebe nie ein Mund.

Übersetzt von Karl Kraus (1933)

Stéphane Hessel / Edgar Morin

Wege der Hoffnung

Aus dem Französischen von Michael Kogon
72 Seiten. Gebunden mit Schutzumschlag
ISBN 978-3-550-08006-7
www.ullstein-verlag.de

»Wir wollen den verfehlten Kurs einer verblendeten, verhängnisvollen Politik anprangern. Wir wollen einen verheißungsvollen politischen Ausweg aufzeigen. Wir wollen eine neue Hoffnung begründen.«

Wir brauchen eine neue Politik, eine Politik, in der die Menschen im Mittelpunkt stehen – so lautet das Credo von Stéphane Hessel und Edgar Morin. In ihrem gemeinsamen Manifest entwickeln die beiden französischen Widerstandskämpfer und Bestsellerautoren konkrete Ideen für eine bessere Welt.